Süßes Geflüster

Liebesgedichte

von Alexander Courz

Süßes Geflüster

Liebesgedichte

von Alexander Courz

Coverdesign: Azrael Ap Cwanderay

E-Mail-Adresse des Autors:

alexander.courz@gmx.de

Homepage:

http://alexandercourz.jimdo.com/

ISBN: 9 783746 006703

Herstellung und Verlag: BoD – Books on Demand, Norderstedt

Abbildungen: nach Pixabay, Nachweise auf Seite 80

Inhaltsverzeichnis

Ich geb' Dir meine Hand

Ich geb' Dir meine Hand, gib Du mir Deine!
Will spüren Deinen Puls,
Will greifen Dich ganz fest,
Will führen Dich zum Tanz
Herum im ganzen Land;
Will zeigen Dir die Welt,
Möcht' fühlen, wie Du bist,
Gib Du mir Deine Hand, ich geb' Dir meine!

Ich leihe Dir mein Ohr, leih' Du mir Deines!
Will flüstern Dir ein Wort,
Will hören, was Du denkst,
Was Du sagst, was Du willst,
Will hör'n die Melodie, die Du mir singst
Zum Tanze Deiner Worte;
Leih' Du mir Dein Ohr, ich leih' Dir meines!

Ich schenk' Dir meinen Blick, schenk' Du mir
Deinen!
Voll Sanftmut und voll Glück,
Will sehen, wie Du bist,
Erkennen Dein Gesicht;
Will schau'n mit Dir nach vorn,
Die Zuversicht im Blick;
Will schauen auch zurück
Und sehen, wie wir war'n;
Schenk' Du mir Deinen Blick, ich schenk' Dir
meinen!

Ich zeig' Dir meine Seel', zeig' Du mir Deine!
Will träumen in der Nacht,
Will sehen klar am Tag,
Will hören, was Du sagst,
Will spüren diesen Hauch
Der Seele, die Du bist;
Zeig' Du mir Deine Seel', ich zeig' Dir meine!

Ich zeig' Dir meine Welt, zeig' Du mir Deine!
Will laufen mit Dir übers Meer,
Will fliegen mit Dir durch die Luft,
Will fühlen mit Dir Regen
Und warmen Sonnenschein.
Zeig' Du mir Deine Welt, ich zeig' Dir meine!

Ich zeig' Dir meine Lieb', zeig' Du mir Deine!
Will tanzen mit Dir um die Welt,
Will sein der Schmetterling,
Der schwirrt in Deinem Bauch;
Will küssen Deinen Mund,
Will streicheln Deine Haut,
Will riechen Dein' Geruch;
Zeig' Du mir Deine Lieb', ich zeig' Dir meine!

* * *

Das möcht' ich sein

Ich möcht' Dein Mützlein sein,
Behüten Deinen Kopf,
Wärmen die Gedanken,
Bewahren Dein Gefühl!

Ich möcht' die Brille sein,
Verklären Deinen Blick,
Beschützen Deine Augen
Vor starkem Sonnenlicht!

Dein Schal auch möcht' ich sein
und wärmen Deinen Hals.
Ich will ganz nah Dir sein
Und spüren Deinen Hauch.

Ich möcht' Dein Handschuh sein,
Behüten Deine Hand;
Beim Schneiden wilder Rosen
Beschützen Deine Haut.

Die Bluse möcht' ich sein
Und riechen Deinen Schweiß,
Streicheln Deines Busen
Wunderbare Knospen!

Dein Höslein möcht' ich sein,
Umschmeicheln Deinen Tau
Schlafwarmer Gedanken
Und küssen Deine Blüte!

Dein Röcklein möcht' ich sein,
Ganz nah an Deiner Haut,
Weit weh'n mit Dir im Wind,
Sanft fall'n wie ein Gefühl!

Die Leggings möcht' ich sein
Und wärmen Deine Schenkel,
Die so zart und rein
Dich stützen Tag und Nacht!

Wollstrümpflein möcht' ich sein
Und wärmen Deinen Fuß,
Der so schön Dich führt
Weit in die Welt hinein!

* * *

Du

Was treibt mich an, was will ich tun?
Will wandern weit, weit weg,
Will sehen, wie die Welt sich krümmt,
Will wissen, was das Meer bewegt,
Will hören, wie der Wind berauscht,
Will fühlen, wie der Blätterwald
Allmählich sich zu Boden neigt!

Möcht' sehen, wie der Sonne Kraft
Zur Erde scheint und Leben schafft,

Möcht' spüren, wie Dein Herzlein schlägt,
Will fühlen, wie die Kraft mich trägt

Zu Dir, geliebte Seel', zu Dir
Führ'n alle meine Wege!

Ich möchte, dass die Feder mein
Zartfühlend Worte für Dich schreibt
Voll Liebe, Kraft und Zärtlichkeit,
Voll Sinnlichkeit und Lust!

Will fühlen, was sie schreibt,
Will schmecken Deine Haut,
Will streicheln Deine Brust,
Will riechen Deinen Tau,
Erkunden Deinen Wald!

Will gleiten meine Zunge,
Will lecken Deinen Zahn,

Will flüstern in Dein Ohr
Und hauchen in Dein Haar!

Will spüren, wie Dein Speichel schmeckt,
Will Deine Zunge fühlen,
Die sinnlich meine Lippen leckt,
Will spüren Deine weiche Brust,
Wenn Du auf mir liegst!

Will spüren, wenn Dein Knie mich streichelt,
Will hören Deinen Hauch im Ohr,
Will sehen Deine zarten Worte,
Will beben, wenn die Liebe mein
Sanft findet ihren Weg ... in Dich hinein!

Du Feder mein kannst zaubern
Worte, die noch nie gesagt,
Unausgesprochen ruh'n in mir,
Quälend meine Seele fressen,
Unerklärlich' Liebe Du!

* * *

Ich möcht' Dich spüren

Ich wate nachts durch ein Meer von Träumen
Gewalt'ger Gefühle, die ich nicht greifen
kann;
Komm nicht voran, kann Dich nicht seh'n,
Nicht berühren und nicht küssen!

Kann hören betörende Worte
Durch eine Mauer aus Glas;
Und dann seh' ich Dich, wie schön Du bist!
Und kann ahnen Deine Gedanken der Nacht!

Kann nicht spüren Dein Beben, Dein Herz,
Kann nicht streicheln die Haut, die Dich
schützt,
Will sein eine Hülle, die Dich behütet,
Will nah Dir sein und Deiner Seele!

Will riechen Deinen Duft, Deinen Atem,
Deine Haut,
Will streicheln Dein Gemüt,
Will Dich schützen, Deine Gedanken erraten,
Die Du mir nicht verrätst,
Geheimnisvolle Schöne der Nacht!

Spürst Du mein Zittern, mein Beben, meinen
Drang,
Dich zu küssen, zu lieben, zu berühren,
Allein das ist unmöglich, glückseliger Traum!
Bist kein Wesen aus Blut und aus Haut!

Bist eine Seele geblieben, die zu mir kam,
Meine Hoffnung zu nähren, Dich zu spüren?
Seele, bleibst ewig
Wirklichkeit und Traum,
Unerreichbar für ewige Zeit!

Und doch bist so nah
Und kommst morgen Nacht wieder,
Ich freu' mich auf Dich,
Glückseliger Traum!
Glückselige Seele, bist wirklich und nah
... Und doch so fern!

* * *

Gedanken wie Federn

Gedanken sind wie Federn,
Wenn sie fliegen in dem Wind,
Wenn sie Liebe tragen möchten
In die Welt ...

Gedanken sind wie Flüstern
Zarter Worte in Dein Ohr,
Wenn sie Liebe tragen möchten
... hin zu Dir!

Du bist der Wind,
Der meine Gedanken erfasst,
Wenn sie gleich der Feder
Durch die Lüfte fliegen!

Du bist die Kraft, die meine Gedanken trägt,
Du bist der Wind, der sie fliegen lässt
Hinauf in höchste Höhen
In des Himmels Welt!

Unbeschwert sind die Gedanken,
Die ich zu Dir sende,
Leicht wie Federn, zart wie Blüten,
Möchten sie doch sagen Dir ...

... dass ich Dich liebe, wie Du bist!,
Du starker Sturmwind mein,
Dass Deine Kraft meine Gedanken
Fliegen lässt wie Federn hin zu Dir,
Dass sie streicheln Deine Haut,

Wenn Du im Grase liegst,
Wenn Du mich erwartest
Und wenn Du mit mir spielst!

Ich bin die Feder,
Du der Wind;
Gemeinsam fliegen wir
In weite Ferne ...

* * *

Herbstgeflüster

Du ...
Welche Gefühle, welche zarten Worte treiben
mich an,
Bewegen mich und zeigen mir diese Bank,
Sonnenverwöhnt, erwärmt am Waldrand?

Du ...
Welche Gefühle ergreifen so heimlich Besitz
von mir,
Welches Wort, gesagt oder ungesagt,
Verhallt im Herbstlaub, erstickt vom Wind
des Lächelns,
Vom Sturm des Dranges vertrieben,
verwirbelt
Wie dieses trockene Laub zu meinen Füßen?

Du ...
Welche Einsamkeit beschleicht mich,
Wenn ich nichts von Dir höre?
Welche Freude, wenn Du Dich meldest?

Du ...
Bewirkst bei mir, in meinem Inneren
Jene herbstzeitlose Wonne,
Die meine Seele beflügelt,
Mein Herz beben lässt ...

Du ...
Lässt mich hoffen, wenn das Laub hinter mir
raschelt

Auf dieser einsamen Bank, auf der ich mich
ausruhe
Vor meinen eigenen Gefühlen, vor meiner
Sehnsucht
Nach Dir!

Und dann ...
Bist Du da. Verschwitzt vom Laufen, vom
Rennen,
Als Du was weiß ich suchtest
Und diese Bank fandest.
Dein Geruch, Deine Worte betören mich,
Lassen mich schwelgen in der Allmacht
Deiner Nähe!

Und dann ...
Bin ich eifersüchtig auf die Worte, die du
sprichst,
Denn allein sie dürfen Deine Lippen
berühren,
Wenn Deine Zunge sie gesprochen
Und Dein Atem sie hinaus gehaucht hat!

Und dann ...
... Bist Du ausgepowert, aber glücklich,
Lachst Dein poetisches Lächeln,
Wenn ich Dich berühren möchte,
... Spüre ich sie, diese Haut. Diese dünne
Haut,
Die zwischen uns gespannt ist
Und sich sanft auf Deinen und meinen
Körper legt,
Wenn wir nebeneinander sitzen!

Du ...
... Schaust mich an, lächelst und strahlst,
Willst nach mir greifen
... Und spürst diese dünne Schicht,
Durchsichtig wie Luft, die uns trennt,
Die unsere Sinne zum Beben bringt!

Ich
... Sehe Dich, spüre Deine Nähe
... Und kann doch nicht zu Dir!

Sie
... Ist so zart, so sehr geschmeidig, so
nachgebend,
Diese Haut, die zwischen uns gespannt ...

Und doch ...
Sie trennt uns und gleichzeitig ist sie unser
Medium,
Unsere Spannung, unser Blatt,
Auf dem so wundervolle Worte
Geschrieben stehen

Wie ... Du bist so wunderbar!
Und ... ich liebe Dich!
Und ... Du liebst mich!

* * *

Ich möcht' die Feder sein

Ich möcht' die Feder sein,
Die Deinen Vers Dir schreibt,
Die vom Himmel flog,
Als auf der Wies' Du lagst,
Nackt und ganz allein,
Die streichelt Deine Haut wie zarte Worte,
Die an den Mund du führst, wenn Du
überlegst,
Möcht' ganz nah Dir sein
Und schreib' für Dich allein
Die zarten Worte auf;
Die Feder will ich sein!

Ich will Dein Birnbaum sein,
Der Dir Schatten spendet,
Wenn die Sonne sticht
Und Du im Grase liegst,
Möcht' sehen, wie Du träumst,
Möcht' wissen, Dir geht's gut,
Dein Birnbaum möcht' ich sein!

Dein Wieslein will ich sein,
Das Dir Ruhe spendet,
Wenn der Wind allein
Durch die Bäume haucht;

Möcht' Dich streicheln mit dem Gras,
Möcht' Dir schenken meine Blumen,
Die sanft fall'n auf Deine Schenkel,
Möcht' Dich küssen mit den Düften,

Die Dir meine Blumen senden;
Dein Wieslein möcht' ich sein!

Ich möcht' Dein Weinglas sein,
Möcht' Deine Lippen spür'n,
Wenn Du genussvoll nippst
Und meinen Rand verschmierst,
Wenn der edle Wein
Deiner Gurgel schmeichelt
Und der Kerzenschein
Sich im Glase spiegelt;
Spür' Deine Zunge gleiten
Und Deine Sinne lechzen
Nach dem Wein in mir ...
Dein Weinglas will ich sein!

* * *

Die Unterlegenheit

Bin tief unter unsrer Decke,
Ich seh' nichts, ich hör' nichts, doch ich
fühle,
Fühle Dich, Deine Zartheit, Deine Weichheit,
Deine Wärme ...
Ich seh' nichts, denn ich spüre
Den Duft Deines Körpers, schlafwarm,
Wohlig, sanft und schön und weich!

Kann kaum atmen, denn ich bin nervös,
Will wissen, was Du denkst, was Du fühlst,
Doch ich hör' nichts.
Ich spür' alles ... und doch nichts!

Du liegst so still, ich hör' Dich nicht,
Du rührst Dich nicht,
Ich will kunden Deine Reinheit, Deine
Zartheit,
Vergrab meine Nase in Deiner Haut!

Und rieche die Wärme und spüre den Duft,
Will kunden Deine Tiefen, will streichen über
Deine Höhen,
Will hören, was Du denkst,
Und hör' doch ... nichts!

Dann lieg' ich still und warte, was Du fühlst,
Will wissen, was Du denkst!
Ich spür' Deine Muskeln,
Deine Sehnen, wie sie zucken,

Wie Dein Fuß sich hebt.
Und ich lieg' ganz still.
Die Decke, sie hebt sich und mir wird's kalt!
Dann sinkt sie wieder. Was war nur los?
Kann nicht verstehen die menschlichen
Sinne,
Kann nicht verstehen, warum Du jetzt bebst?

Warum Du lachst, wo ich so still bin
Und schwitze unter der Decke.
Ich tast' mich vorbei an Deiner Brust,
Die so warm ist und weich!

Es wird heller … mein Auge sieht mehr!
Der Lichtstrahl scheint mir ins Gesicht.
Doch Deins – das seh ich nicht!
Es verbirgt sich, verfluchtes Buch, hinter Dir!
Vergeblich war all mein Bemüh'n!

* * *

Seelentropfen

Seelentropfen ...
Perlen aus dem Boden,
Der Deine Person ist,
Flüstern aus der Quelle Deines Wesens
Und erzählen von Dir!

Seelentropfen ...
Brechen das Licht in der Sonne
In ihrem Innersten,
Das Du erzeugst,
Wenn ich Dich sehe
Und zeigen mir und Dir,
Wie wir uns bewegen,
Schweigend und schreiend,
Gleichzeitig,
Ohne zu hören,
Ohne zu sehen.
Nur durch das Fühlen der Nähe!

Seelentropfen ...
Brechen aus Dir,
Fließen mit Deiner Stimme
In mein Ohr!

Seelentropfen ...
Bewegen Deine Finger,
Wenn Du mir schreibst,
Dringen in mein Auge!

Seelentropfen ...
Bewegen Deine Füße,
Wenn Du zu mir läufst.

Seelentropfen ...
Sind Dein Elixier,
Sind Du!

Deine Seelentropfen ...
Suchen sich ihren Weg,
Bewegen mein Ohr,
Berühren mein Auge
Und verschmelzen in meinem Kopf
Zu innigem Verstehen,
Zum Bewusstsein,
Zum Wissen,
Dass unsere Wesen
Sich verbinden
Zur Einheit
Vom Ich und Du
Zum WIR!

* * *

Wärme der Gedanken

Warum quälst Du mich,
Du bist nicht da!
Und trotzdem spür ich Deine Wärme.
Sie durchflutet meinen Körper
Vom Kopf bis in die Füße.

So sanft, so weich, so warm
Küsst mich ein Gedanke an Dich,
Ein süßer Gedanke, den ich schon verloren
geglaubt hatte
Und der mich nicht verlässt!

Dieser Gedanke umhüllt mich wie eine große
Wolke,
Streicht zart und sanft über mein Gesicht
Und dringt in mich ein
Und bringt mich aus der Fassung!

Der Gedanke an Dich kommt von Dir,
Das weiß ich. Denn er verlässt mich nicht.
Er dringt wie ein Kuss zu meinem Mund
hinein
Und will mich nicht mehr verlassen.

Er schmerzt in meinem Körper, in der Brust,
Im Bauch ... bis in ungeahnte Tiefen!
Er drückt und will mich zum Explodieren
bringen!
Er treibt mich in den Wahnsinn!

Und er möchte mich nicht verlassen.
Ich weiß, Deine Seele, Dein Wesen möchte zu
mir,
Möchte mir zeigen, dass es Dich gibt
In Deiner ganzen Schönheit!

Es ist ein warmer, schöner Gedanke,
Der mich leben lässt,
So wie ich leben möchte,
Denn Du bist bei mir, obwohl Du so weit fort
bist!

Die Kraft dieses Gedankens, den Du mir
sendest,
Übersteigt alles Irdische,
Du meine Seele, meine Kraft und mein Blut,
Wirst mich verlassen, wenn ich sterbe!

Doch Du lebst weiter als ein Teil von mir,
Das ich in die Ewigkeit entlasse.
Ich werde gehen, so wie ich kam,
Doch Du bleibst bestehen!

Ich liebe Dich so, wie Du bist,
Wie Du explodierst, wie Du besänftigst,
Wie Du atmest, wie Du läufst,
Du meine Seele!

* * *

Honig

Deine Worte sind der Honig,
Nach dem ich mich sehne,
Der meinem Gaumen schmeichelt,
Der mich betört!

Deine Worte sind so süß wie der Nektar,
Dessen Duft Du folgst,
Wenn Du von den Farben der Natur
beeinflusst
Und den Gerüchen Deiner Welt
Deinen Weg bestimmst.

Ich will die Blüte sein, an der Du Dich labst,
Die Dir Nahrung ist, die Dich leitet,
Die Dir Deinen Weg zeigt.
Ich will Dich nähren mit meiner Kraft,
Mit meinem Nektar, aus dem Du Dich speist
Und der Deine Worte so sanft macht!

Deine Worte zerstören nicht,
Deine Worte heilen, auch wenn sie
schmerzen!
Deine Worte sind der Balsam meiner Seele!
Deine Worte leiten mich
Durch die Dunkelheit der Nacht,
Deine Stimme gibt mir Halt,
Wenn ich ihn suche!

Du bist die Biene, die unermüdlich kämpft,
Damit alles auf der Welt

Seinen Gang gehen kann.
Du bist die Biene, die die Frucht gedeihen
lässt.
Deine Worte sind die Nahrung,
Die meinem Geist so fehlt
Und nach der ihm hungert.

Ohne Dich, liebe Biene, ist alles nichts.
Kein Getreide gedeiht,
Kein Obst wächst auf den Bäumen,
Kein Gemüse im Garten.
Ohne Dich, liebe Biene,
Blüht keine Blume auf den Wiesen.

Und ohne Dich, liebe Biene,
Gedeihen die Worte nicht,
Die mir so schmeicheln,
Die mir die Kraft geben,
Durch die Dunkelheit zum Licht zu gelangen
Und die das Leben in mir
Zum Erleuchten bringen.

* * *

Papillon

Du träumst
Auf Deinem warmen Blatt
An diesem sanften Morgen!
Du hörst den Ruf der Vögel,
Die die Sonne begrüßen!

Papillon ...
Deine Flügel so zart!
Kein andres Wort wie dieses „Papillon"
Kann Dich beschreiben, Dein Wesen erfassen
Wie dieses eine!

Butterfly ...
Wie ein Hauch
Erfasst dieses Wort
Deine Existenz, Dein Ich!
Deine Flügel so bunt
Wie dieser Hauch,
Der mich berührt,
Meine Haut zum Beben bringt,
Wenn Du mich besuchst!

Schmetterling ...
Kein andres Wort
Kann Dein Wesen beschreiben,
Wie Du bist,
So sehr ...
So immer auf der Flucht,
Siehst Dein Ich vor Dir,
Möchtest es erreichen

Und bist doch immer hinterher
Auf der Flucht vor Dir.

Du schmetterst dahin,
Du flatterst voller Unruhe,
Immer auf der Suche.

Erst wenn der Sommer zu Ende gegangen ist,
Hast Du Deinen Frieden, Deine Ruhe.
Und Du bist bei Dir!

* * *

Der sanfte Regen

Trocken die Erde, ausgedörrt,
Die Pflanzen lassen die Blätter hängen.
Wie traurige Gedanken lesen sie die Fragen
Und erkennen die Antworten der Luft.

Der Wind bläst so stark über die Felder
Und lässt alles zur Wüste gedeihen,
Was vorher so satt blühte.
Ausgelaugt, leer, trocken.
Durst legt sich über das Land.

Ich ruhe auf der heißen Erde
Unter Bäumen, die schon längst keinen
Schatten mehr werfen.
Meine Gedanken kreisen irr, finden keinen
Halt.
Meine Augen sind verschlossen, verklebt.
Bis ich eine leichte, kaum spürbare
Kühlung wahrnehme,
Ein sanfter Wind die Schmerzen
meiner trockenen Haut lindert,

Dein Mund sich auf den meinen legt,
Dein süßer Tau meine Sinne labt,
Deine Hand mein verklebtes Haar,
Meine Stirn streichelt,
Dein weicher Busen sich
Auf mir bettet,

Dein Wein meinen Gaumen labt,
Die süßen Früchte mir wieder
Die Kraft geben, Dich zu sehen,
Dich zu erkennen,
Deine Schönheit zu genießen!

Leise und sanft spüre ich
Einen Tropfen, der vom Himmel fällt.
Es werden mehr.
Zwei, drei, vier, schließlich
Hundert, tausend ... immer mehr!
Der Regen, der aus Deiner Seele
Fällt, ist warm, ist sanft,
Ist die Liebe, die die Erde nährt.

Der Regen bist Du, nur Du allein.
Deine Worte, Deine Zeilen
Sind der Regen,
Der uns leben lässt.

* * *

Deine Wellen

Nebel fliegt über die Landschaft,
Hinterlässt seine Spuren
Auf jedem Geäst, in jedem Baum;
Die Kraft der Sonne vermag kaum,
Was Dein Herz und Deine Seele bewegt.

Sie vermag nicht annähernd so starke
Wärme zu erzeugen,
Wie Deine Gedanken dies vermögen.
Allein Deine Liebe, Deine Worte
Und Dein zartes Flüstern
Bringt dies innere Eis zum Schmelzen,
Das mein Wesen umfasst,
Wenn ich Deine Gedanken nicht spür.

Deine starken Worte sind oft so leise
Und doch so kräftig wie dickes Eis,
Wenn Du über den See läufst
Und die Kraft des Eises spürst
Und beginnst, es zu lieben.

Dieses Eis ist so stark, wie Du möchtest,
Dass es sei, wenn es Dich trägt
Mit Deinen Gedanken und Deinem Wesen
Über den See, das Meer und den Fluss.

Denn das Wasser ist Deine Liebe,
Immer in Bewegung, immer unruhig.
Keine stille Sekunde gönnst Du Dir
Im Verlangen, Deine Ziele zu erreichen.

Das Meer liebt den Strand, denn es versucht
unentwegt,
An den Strand zu gelangen.
Keine Macht der Welt kann es aufhalten!

Du bist wie dieses Meer, hast seine Kraft,
Seine Stärke, seinen Willen
Und lässt Dich niemals brechen.

Ich bin Dein Strand, an den Du Dich sehnst,
Wo Du als starkes Meer Deine Ruhe findest,
Wenn Deine Wellen mich zuerst kräftig,
Dann immer sanfter küssen,
Bis Du zurückweichst.

Aber nur, um umso stärker wieder zu
kommen
Und Deine Wellen wie innige Liebkosungen
Dein doch so sanftes Wesen,
Deine Liebe mir zeigen.

Ich bin bedeckt mit Deinem kalten Wasser,
Deiner Bewegung, Deiner Erregung
Voller Liebe und Wärme.
Erschöpft und mit Hingabe
Überlasse ich Dir meine Körner,
Die Du an ferne Ufer bringst
Und dem fernen Strand mitteilst,
Dass Du ihn liebst!

* * *

Worte

Wie ein Gespinst aus zartester Seide
Legen sich Deine Buchstaben auf meine
Haut!
Wie die Tautropfen am kühlen Morgen,
Nachdem wir auf der Hängematte
Die Lichter der Nacht gehört,
Die Rufe des Käuzchens gespürt,
Den Nebel gerochen haben,
Der sich um uns wand!

Das Gespinst wächst weiter ....
Und lässt Deine Buchstaben zu Worten
gedeihen,
Die nur ich hören und sehen kann.
Sie perlen aus Deinem Mund
Und regnen sanft auf meine nackte Haut,
Während Du das Meer der Sterne
betrachtest,
Die im aufgehenden Sonnenlicht
Ihre Kraft an diese abgeben ...
Und erlöschen!

Mit Macht erhebt sich der glühende
Sonnenball,
Zunächst feuerrot, später milder
Und lässt aus Deinen Worten Sätze
entstehen,
Die ich nicht begreifen kann!
Obwohl ich sie nicht sah und auch nicht
Wirklich begriff, erfasste ich sie,

Um später in der Erinnerung
Gebilde daraus entstehen zu lassen.

Mittags steht die Sonne an ihrem höchsten
Punkt
Und lässt Deine Worte versiegen.
Wir liegen im Schatten im Gras ...
Und schauen uns an,
Streicheln uns sanft mit den Fingern
Wie zuvor mit unseren Worten.
Und wir schweigen und lassen es geschehen.

Später am Abend versinkt die Sonne im
Meer.
Wir betrachten sie wiederum still.
Und ich begreife Deine Worte,
Betaste sie mit der Zunge
Und höre sie ...
In meinen Gefühlen versinken!

Und ich bin ...
Bei Dir,
Du Schöpferin wunderbarer Worte ...

* * *

Deine Gefühle

Als so klein Du sie auch empfindest,
So mächtig können sie werden!

Sie sprießen ...
Wie im Frühlingswald die
Buschwindröschen,
An denen sich die zeitigen Insekten laben.
Sie leuchten wie das Scharbockskraut,
Das den Waldboden erhellt,
Wenn die letzten Eiskristalle an warmen
Südhängen
Tränengleich ihre Feuchtigkeit
Entweder dem lauen Wind
Oder dem kleinen Rinnsal überantworten,
Der am Ende seiner Laufbahn als mächtiger
Strom
Sich in das Meer ergießt.
Lass ihnen ihren Lauf,
Du kannst sie eh nicht aufhalten,
Denn sie finden ihren Weg durch den
dichtesten Dschungel
... Auch ohne Deine Hilfe!

Sie reifen ...
Wie im Sommer das Korn auf dem Acker,
Das an heißen Tagen dieses leise Knacken
erzeugt,
Wenn die Spannung in der Frucht zu groß
wird
Und die Hülsen platzen.

Du nimmst sie wahr wie einen Hauch
Des Sonnenstrahls,
Der Dich auf der Waldlichtung trifft,
Sie duften so warm
Und federn so sanft
Wie der mit Tannennadeln gedeckte
Waldboden,
Der die harzigen Öle der Bäume
Dem Atem des Waldes schenkt.
Lass ihnen ihre Wärme,
Du kannst sie eh nicht kühlen!

Sie reifen ...
Wie im Herbst die Äpfel auf den Bäumen,
Wenn der letzte Grashalm gemäht
Und das erste trockene Laub unter den
Füßen raschelt,
Wenn Marienkäfer ...
Sich in den reifen Früchten verstecken
Und die Wespen Dir die süßen Früchte
streitig machen,
Wenn der erste eisige Wind den Abend
ankündigt
Und Du die vollen Obstkisten in Dein Auto
packst
Und den würzigen Dieselgeruch wahrnimmst,
Der sich unter den Abendwind mischt
Und der seit Deiner Jugend zum Abschluss
Eines arbeitsreichen Tages im Obstgarten
gehört.
Lass ihnen diese erste kräftige Abkühlung,
Du kannst sie eh nicht wärmen!
Sie wollen ihre Kraft, die ihnen der Sommer

Geschenkt hatte,
Nur speichern für kommende kalte Tage.
Und dann kannst Du von ihrer Kraft zehren,
Dich an ihnen laben
Und an die Endlichkeit der Kraft
Deiner Gefühle denken!

Im Winter schließlich ...
Wollen sie sich ausruhen,
In sich gekehrt, von der wärmenden Decke
Des Schnees geschützt,
Wollen Dir von der Beschaulichkeit erzählen,
Wenn die Tage kurz
Und die Abende und Nächte lang sind.
Sie wollen Dir Mut machen ...
Auf das neue Jahr,
Wenn sie erneut auf die Reise gehen ...
Und Dir von der Schönheit des Lebens
Erzählen wollen!

* * *

Nähe

Betörender Nähe unüberwindlicher Reiz
Überwältigt mich immer wieder,
Wenn ich an Dich denke!

Betörende Düfte Deiner unendlichen Nähe
Fliegen zu mir über Kontinente,
Über Meer und Land,
Über himmelhohe Berge ...

Die Du besteigst, um anzukommen,
Um bei Dir zu sein!
Betörende Klänge Deiner Zeilen,
Deiner Worte,
Deiner Stimme erreichen mich ...

Erreichen mich tief unten im Tal
Im Schatten dessen, auf das Du
Gestiegen bist,
Wo Du Deine Zufriedenheit
Gesucht hast und Dir selbst
Begegnet bist!

Dein Schatten spendet mir Erquickung
In der Gluthitze meiner Gefühle,
Dein Rufen Verzückung,
Deine Worte Klugheit und Weisheit,
Deine Gefühle, Deine Ängste
Schenken mir
Innere Wagnis und Unruhe!
Und wenn ich Deinen Duft gerochen,

Deinen Klang vernommen,
Deine Worte gehört,
Deine Finger gespürt,
Die sanft über meine Lippen streichen,
Dann weiß ich:

Du bist bei Dir!
Du lebst! Du fühlst
Kälte und Wärme,
Kraft und Müdigkeit,
Sinn und Leere,
Lärm und Stille,
Rohheit und Sanftheit,
Schönheit,
Liebe!

* * *

Flut und Vergänglichkeit

Einsame Gefühle durchwanderten mein
Gehirn,
Als ich Deinen Spuren am Strand folgte.
Was war gewesen? Und: WARUM?
Getrockneter Sand, Muschelscherben
Zerkratzten meine Fußsohlen, ich blutete
etwas,
Doch spürte den Schmerz nicht.

Du blicktest nicht zurück, kein Zeichen mehr
Unserer Zuneigung, unserer Freundschaft,
Unserer Liebe!
Du liefst immer weiter und hattest
Nur die Ferne, die Unendlichkeit im Blick!

Ich kannte Deine Ziele nicht mehr,
Die mir früher so vertraut gewesen waren.
Ich spürte Deinen Hauch nicht mehr,
Den ich so sehr liebte.
Kein Streicheln verwöhnte meine Seele mehr!

Alles war vergangen.

Dein Schatten wanderte vor mir her
Und hinterließ nur noch Spuren im Sand,
Denen ich folgte. Doch ich merkte nicht,
Wie sich allmählich die Zeit zwischen uns
schob.
Ich merkte nicht mehr die Kühle
Und den Wind, der uns auseinander riss.

Und so merkte ich auch nicht das Wasser,
Das allmählich anstieg, die zarten Wellen,
Die hin und wieder meine Füße umspielten.
Und ich bemerkte nicht, wie das Wasser
In seiner unendlichen Kraft
Deine Spuren in die Endlichkeit entließ.
Und ich sah sie nicht mehr!

Ich blickte auf und sah nur noch die Gischt,
Sah den Nebel, wo Du warst.
Von Dir ist nichts geblieben
Als die Erinnerung, mit der ich leben darf.

Doch ich laufe weiter in der Hoffnung,
Deine Spuren eines Tages wieder zu
erkennen.
Und diese Hoffnung trägt mich fort
Und sucht jenes Ufer der Verheißung,
Der Sehnsucht und der Liebe,
Das ich so gerne als mein Ziel betrachte.
Dann wird meine Seele bei mir sein.

* * *

Das Haus

Zärtlich streichelt Dein Atem meine Brust,
Nichts am Leib, alles verbrannt ...
In der Ferne lodern die Flammen.
Das Licht des Feuers weist uns den Weg!

Wir umschlingen uns, sind der Hölle
entronnen
Und haben nur noch uns, nichts weiter!
Nur noch uns.
Nicht mehr, aber auch nicht weniger!

Du schaust mich von unten an
Und ich erblicke die Liebe,
So, wie ich sie noch nie gesehen,
So voller Kraft und Zuversicht
Aus Deinem schmerzgeschundenen Leib.

Deine Augen blicken mich an,
So zärtlich wie Vergissmeinnichtblüten.
Ich halte Dich ...
Und drücke Dich fest an mich.

Längst liegen wir auf der taufeuchten Wiese
Im kalten Aschenstaub dieser Feuerhölle
Und wärmen uns gegenseitig.

Lass uns ein Haus bauen für unsere Träume,
Für unser Leben, für unsere Gefühle ...
Für unsere Liebe!
Ein Haus mit festen Mauern und auf festem

Grund,
das nie mehr einstürzen soll.

Das Fundament dieses Hauses
Ist unsere Seele,
Die uns durch das Leben trägt
Und dessen Basis ist.
Ein Haus mit vier gleichen Seiten
Und jeweils einem offenen Tor.

Die Hoffnung soll nach Osten zeigen,
Wo die Sonne aufgeht und ihre Bahn
beginnt.

Das Glück zeigt nach Süden,
Wo sie uns mittags wärmt
Und uns das Gefühl der Sicherheit
Und der Geborgenheit gibt.

Die Zuversicht zeigt nach Westen,
Wo abends in der untergehenden Sonne
Die Sehnsucht ihre Früchte trägt!

Die Beständigkeit zeigt nach Norden
Und spendet uns auch in der größten
Mittagshitze
Kühle und Erfrischung, Kraft und Sicherheit.

Das Dach des Hauses aber ist die Liebe.
Und alles ist untrennbar miteinander
verbunden
Und will sich nicht voneinander lösen.
Durch unser Haus soll ein beständiger Wind

wehen,
Ein Glücksgefühl voll Zärtlichkeit und
Wärme,
Verständnis und Treue,
Vergebung und Hoffnung,
Ehrlichkeit und Vertrauen.

Lass uns dieses Haus bauen
Aus den Trümmern dieser Erde,
Um der Welt zu zeigen,
Dass wir an sie glauben!

Lass uns dieses Haus bauen
Für die Welt
Gegen Hass
Gegen Neid
Gegen Verfolgung
Gegen Mord und Totschlag.
Diese Gefühle sollen in unserem Haus
Keinen Platz haben.

Wir gehören dieser Welt
Und diese Welt ist unsere.
Lass Sie uns bauen ...
Auf unsere Liebe!

* * *

Ich bin die Biene, die Blüte bist Du!

Ich bin die Biene, die Blüte bist Du,
Wir können ohne einander nicht sein!
Ich liebe die Blätter, die nachts Dich
verhüllen,
Die Dich wärmen vor Frösten und Nässe.
Du öffnest Dich, sobald die Sonne Dich
wärmt
Und zeigst mir den Weg, wo den Nektar ich
find';
Deine Blätter, Dein Duft ...
Zeigen den Weg mir zu Dir!

Ich liebe Dich so, wie Du bist,
So schön, so frisch, so gut,
Kann ohne Dich ... nicht sein!
Ich bring Dir die Pollen, nach denen Du
lechzt,
Die Du so brauchst für Dein inn'res Gefühl!
Ich streichle Dich, küsse Dein süßes Geblüt,
Ich trink' Deine Tropfen und zehr' mich nach
Dir!
Du bist die Blüte,
Die Biene bin ich ...
Wir können ohne einander nicht sein!

Ich sing' Dir ein Lied, so schön wie der Wind,
So sanft wie Dein Duft,
So zart wie ... Dein Stempel;
Du zitterst so sehr, wenn ich bei Dir bin!
Ich liebe Deine zarten Blütenblätter,

Ich heb sie, ich senk sie, grad' so wie ich's
brauch;
Du liebst mich, ich lieb' Dich!
Du schenkst mir, was Du hast,
Ich geb Dir mich dafür!
Ich bin die Biene, die Blüte bist Du!
Wir können nicht ohne einander sein.

Ich sing' Dir mein Lied, so sanft wie der Tag,
So mild wie Gefühle, die ich zu Dir bring',
So kräftig ich kann, so süß wie der Duft,
Den Du mir schenkst, Du Blüte mein!

Ich senk' mich herab auf Deinen Tau,
Ich küss' Dich, wie niemand Dich küsst,
Du wärmst mich,
Du nährst mich,
Du gibst mir die Ruhe,
Nach der ich mich sehne; die Blüte bist Du!

Und ich bin die Biene, muss weiterzieh'n,
Doch ich komm wieder, jeden Tag aufs Neue!
Wenn Dein Duft und Deine Wärme
Mich wieder anlockt.
Die Blüte bist Du.
Und ich bin die Biene!

Wir sind so reich miteinander ... so reich!
Voll Liebe, voll Zärtlichkeit und Schönheit
Und voll Sinn!

* * *

Herbstsonne

Leichter Wind in der Sonne des Herbstes
Lässt nochmals des Sommers Gefühle
aufkommen,
Hast vertrieben die morgendlichen
Nebelschleier,
Willst uns nochmals deine ganze Kraft
zeigen!

Die Kraft des langsamen Sterbens;
Lässt nochmals erahnen, was deine Kraft
vermag,
Willst den Tod noch für eine Weile vertreiben,
Der auf uns in der Dunkelheit lauert?

Hebst den Schleier von unseren Leibern,
lässt mich frieren in der Einsamkeit,
Lässt mich greifen nach dem sicheren Halt,
der mir das ganze Jahr vergönnt war?

Lässt mich träumen von des Sommers
Lieblichkeit,
Von des Frühlings warmen Gefühlen,
Von des Winters Reizen, gefroren im Eis,
Kennst kein Erbarmen vor Abschied und
Schmerz!

Ich sag' ade zu den warmen Gefühlen
Vor der nackten Gestalt der liebreizenden
Frau,
Ade zu den Gefühlen inniger Liebe ...

Und Hallo zu des Winters kalten Gedanken!
Ich will der Liebe nicht mehr entsagen,
Sehne herbei ihren zarten Duft,
Sehn' mich nach Berührung, Schauder,
Erregung,
Nach den Küssen voll größter Begier!
Möcht' noch einmal den Schleier erheben,
Der Dein zartes Gesicht schön verhüllt,
Möcht' noch einmal den Blusenknopf öffnen,
Noch einmal verlier'n mich im Duft Deiner
Nähe!
Möcht' niemals vermissen, was Du für mich
bist,
Möcht' Dich nicht verlier'n in des Winters
dunklen Nächten,
Möcht' Dich sehen, wenn Du Dich nach mir
verzehrst,
Wenn Du nachts an der Decke riechst, die
mich wärmt!
Möcht' den Hauch Deiner Nase nachts
fühlen,
Wenn er mich am Nacken kitzelt,
Möcht' seh'n, wie Du lächelst, wenn ich
erwache,
Möcht' Deine Küsse spür'n, die ich sehnlichst
will!
Möcht' sehen den Glanz Deiner Augen,
Wenn sie mich fixieren in dunkler Nacht,
Wenn wir unter der Decke kuscheln,
Möcht' Deine Laute hör'n, wenn Du glücklich
bist!

* * *

Deine Stimme

Was treibt mich ständig hin
Zu Deiner Stimme, zu Deinen Worten?

Deine Sinnlichkeit raubt mir das Wesen,
Deine Derbheit raubt mir die Sinne,
Deine Zartheit will schwimmen
Auf meiner Zunge,
Deine Worte wollen dringen in mein Ohr!

Und Deine Empfindlichkeit dringt
Mit brutaler Gewalt,
Mit Sturm und Wehen
In meine Erkenntnis.

Meine Ohren schmerzen, wenn ich Deine
Stimme höre,
Die keine Worte zu mir sagt.
Mein Kopf schwindet dahin,
Wenn er die Leere hören muss,
Die ungesagte Worte erzeugen.
Er droht zu implodieren, wenn kein Druck da
ist,
Den keine Liebe erzeugt,
Den keine ungesagten Worte
Als Spur hinterlassen.

Nachts träumt mein Kopf und denkt, Du
seist da
Und flüsterst ihm diese Worte zu,
Die tagsüber ungesagt blieben.

Dann stürmen meine Sinne empor,
Fliegen dahin über Landschaften,
Die sich nach Deiner Liebe sehnen.

Und sie erkennen voller Neid,
Diejenigen, die täglich um Dich sind,
Die in Dich dringen und denen Du
Worte sagst, die sie
Nicht hören wollen.

Nichts. Nichts kann Deine Stimme ersetzen.
Keine Fetzen von Musik oder Gedichten.
Nichts.
Alles ist ohne Deine Stimme nichts.
Bin ich taub, denn ich höre nicht
Den Klang, die Musik,
Die nur DEINE Stimme ausmachen?

Ich bin eifersüchtig auf Deine Zähne, Deine
Lippen,
Die ständig Deine Stimme hören dürfen.
Die beben dürfen, die deren Klang erzeugen,
Bin eifersüchtig auf Deine Stimmbänder,
Die Deine Worte auf den Weg bringen,
Die andere als Deine Stimme hören dürfen.

Ich bin taub, unendlich taub und höre nur
Meinen Tinnitus, der mich ständig
Daran erinnert, dass meine Seele zerfetzt ist,
Weil ich meine Kräfte für Sinnloses ausgab
Und nicht Dinge erkannte, die wesentlich
sind.

Ich dachte nicht daran, auf die Stimmen zu
hören,
Die mir Kraft spendeten,
Die mir etwas gaben,
Die mir ihre Freundschaft erklären wollten
Und die nun ... verstummt sind!

Statt Deiner Stimme
Höre ich nur noch dieses erbärmliche Pfeifen
In meinem Ohr.
Und was bleibt, ist nur noch Erinnerung.
Und ein leeres Nichts.

* * *

Sand, Wasser, Wind

Der Sand, über den Du läufst,
Ist so ungeduldig wie Dein Leben.
Er folgt Dir, möchte mehr.
Möchte von Dir wissen, wie Du bist.
Möchtest Du es ihm nicht sagen?

Kaum getrocknete Tränen,
Gerötete Augen,
Deine Schritte sind verhalten,
Kurz ... und nicht von großer Ausdauer!
Doch: Der Sand nimmt es wahr.

Deine Füße bewegen sich kaum noch;
Der Sand gibt Dir die Wärme,
Die die Sonne ihm sandte.

Und Deine Füße?
... baden in der Wärme,
.... senden sie in Dich hinein!

Du rennst durch das Wasser ...
Er merkt kaum etwas von Dir, dieser Sand.

Denn Du?
Du suchst nur die Kühle des Wassers
Und du brauchst seine Wärme nicht.
Egal,
Egal, denkt er sich.
Und lächelt Dir hinterher.
Denn er weiß, dass Du ... glücklich bist!

Bist Du nachdenklich,
So setzt Du Dich auf ihn, auf diesen Sand.
Und Du möchtest mehr von ihm erfahren!
Du spielst mit den Händen in ihm,
Gräbst nach kleinen Weisheiten
Im feuchten Untergrund,
Holst eine Muschelscherbe heraus
Oder ärgerst einen kleinen Krebs.
Du lächelst, und der Sand gibt Dir
Die Wärme der Sicherheit, die Vertrautheit!

Bist Du verliebt,
So legst Du Dich auf ihn,
Nimmst seine ganze Wärme in Dir auf,
Denn die Wärme möchtest Du weitergeben
An jemand anderen, dem Du
Dein Inneres, Deine Sehnsucht, Deine Liebe
Offenbaren möchtest!

Der Sand formt sich, so wie Du möchtest,
Indem Du ihn berührst ...
Ihn gestaltest als Deine eigene kleine Welt,
Bist eine Schöpferin.
Legst Spuren, die unvergänglich sind
Und doch im nächsten Augenblick,
Wenn der Sand trocken ist
Und ein starker Sturm am Meer
entlangziehen möchte,
Durch dessen Spur verlöscht wird.

Oder der Sand ist nass und Deine Spur
Verschwindet mit der nächsten großen Welle
In der Unendlichkeit dieses Weltenmeeres.

Aber Du lächelst, siehst es,
Und bemerkst es doch nicht.
Was bleibt, ist Stille. Und das Flüstern
meiner Stimme.

Ich möchte nicht, dass Du vergehst ...
Sage ich zu Dir.

* * *

Glühwürmchen

Leise geht der Tag.
Die Abenddämmerung senkt sich über die
Wiesen,
Der erste Tau der Nacht
Gibt Dir Erfrischung nach dieser Hitze,
Wenn Du die Ruhe suchst
Nach den schweren Gedanken eines dunklen
Sommertages.

Aber es gibt die Sterne am Himmel,
Die Dir in der Kühle der Nacht
Die Klarheit schenken möchten,
Die Du so dringend benötigst,

Die Dir, so wie früher dem mutigen
Seefahrer,
Den Weg in die Weite der Welt weisen
Und Dir hier auf dieser nachtschattigen
Wiese
Sagen möchten: Wir sind da, da für Dich!
Wir sind Deine Freunde. Wir begleiten Dich!

Wie die Sterne am Himmel,
So funkeln in diesen Tagen
Die Glühwürmchen über den Wiesen
In der späten Abenddämmerung.
Sie sind auf der Suche
Und möchten Dir leise flüstern:
Psssst ...
Wir sind da ... haben Dich gefunden,

Wir sind da ... für Dich!
So wie die Sterne am Himmel,
So möchten wir Dir auf Erden sagen:
Wir sind Deine Freunde ...
Geben Dir Licht in der Dunkelheit
Und möchten Dir Orientierung schenken!

Und Du?
Du sitzt da auf dieser alten Bank, träumst ...
Und schaust nach oben zu den Sternen ...
Und schaust nach unten zu den
Glühwürmchen ...
Und Du weißt: Du bist nicht allein.
Und Du lächelst wieder.

* * *

Spätsommerabend

Sanft neigt sich der Nachmittag dem Abend
zu

Von der Spätsommersonne erhitzt ...
Vom Laufen verschwitzt ...
Sehen wir die Stille
Und hören die Fülle
Der Vogelstimmen,
Der Nachtfalter brummen ...

Wir riechen die Farben
Und sehen die Stimmen
Der Liebe ...

Die Kühle der Nacht
Dringt mit all ihrer Macht
Unter die Haut,
Die sich nun traut,
Bewegt von dem Beben,
Das uns lässt erleben
In der nächtlichen Hülle
Die Liebesgefühle
Im Dunkel der Nacht!

Unser Sehnen nach Nähe,
Nach Erreichen der Höhe
Der Liebesgefühle
In nächtlicher Kühle
Wird siegen mit Macht
Im Dunkel der Nacht.

Sanft streicht meine Nase
Über Deinen Hals,
Liebt Deinen Schweißgeruch,
Leckt meine Zunge
Deine Lippen, die sanft sich öffnen.
Deine klagenden Laute
Erfüllen die Stille!

Du. Nur noch Du!

Dein Hauch erzeugt Nebel in der kühlen
Feuchte,
Er riecht nach Dir, nach Verlockung, nach
... mehr!

Zarter Druck Deiner Hände
Im wilden Gelände
Möcht' ich nimmer missen
Wie unsere Liebe
Sehnt sich mit Triebe
Nach innigen Küssen!

Minuten, Stunden vergehen,
Wir spüren sie nicht, die Kälte,
die uns umhüllt.
Wir fühlen nur uns, den Druck unsrer Liebe
Im Dunkel der Nacht.

* * *

Der Morgentau

Sanft erhob sich die Feuchtigkeit am Abend
Aus den Wiesen und Wäldern
Im letzten Abendlicht dieses warmen Tages
Des Sommers,
Den ich mit Dir verbracht hatte.

Wir saßen am Feuer und hatten uns
gewärmt,
Denn der Hitze des Tages
War die Frische der Nacht gefolgt.
Wir hatten Kartoffeln und Äpfel gebraten
Und der Wein berauschte uns.
Wir waren glücklich, hatten keine Sorgen,
Nichts, was uns bedrückte!

Das Feuer prasselte und die Flammen
Ließen Dein Gesicht erglühen,
Gaben Dir die Wärme, nach der Du Dich
So sehr sehntest!
Und wir ließen unsere Vergangenheit ruhen,
Begruben sie im Sand mit unseren Füßen.

Die Grillen ließen ihren schrillen Gesang
Hinter uns in der Dunkelheit ertönen.
Und wir fragten nicht nach dem Morgen.
Für uns beide gab es nur das Hier und Jetzt.

Die warme Oberfläche des Sees entließ sein
Wasser
In die Kühle der Nachtluft, es schwebte

Dahin und kondensierte zu Wolken, die wie
unsere Träume
Voller Sehnsucht dem Morgen entgegeneilten.

Später betrachteten wir die Sterne
Von der Hängematte aus, die uns
Sanft schwingend durch die Nacht trug.

Ich spürte Deine Haut, wie sie
Sich weich an der meinen rieb,
Wenn Du Dich im Schlaf bewegtest.
Ich roch Deinen Atem, als Du
Ruhig neben mir schliefst.

Ich roch den Duft Deines Schlafes,
Der so beruhigend und erregend
Gleichzeitig auf mich wirkte.
Doch ich ließ Dich ruhen.

Die Kraft Deiner Liebe verlieh mir diese Ruhe.
Am frühen Morgen strichst Du mir sanft
Über meine taufeuchte Haut
Und ließest die Verheißung auf einen
sanften,
Liebevollen Tag in mir erwachen.

Und ich spürte, ich war bei Dir.
Und unser Tag war wieder erwacht.

* * *

Abbildungen von pixabay.com

Alexander Courz

...ist das Pseudonym eines unverbesserlichen Melancholikers und Träumers, der im Jahre 1957 in Aachen das Licht der Welt erblickte und nun schon seit vielen Jahren südlich von Stuttgart lebt. Er liebt seine Familie, seine Arbeit und die Natur und begann vor einigen Jahren mit dem Niederschreiben von Courz – haha! - Geschichten, Gedichten sowie einem historischen Roman. Und er ist wild entschlossen, diesen Roman eines Tages fertigzustellen und zu veröffentlichen.

Bereits erschienen:

Courzgeschichten vom Meer

ISBN 9783837002836

<u>Atlantische Untiefen</u>
Eine Schiffspassage über den Atlantik von
Kapstadt nach London im ausgehenden 19.
Jahrhundert, deren Passagiere auf unge-
wöhnliche Weise mit der keltischen Mystik ei-
ner bretonischen Insel in Berührung kom-
men

<u>Annes Lied</u>
Wundersame Gesänge mitten im norddeut-
schen Wattenmeer nahe der Insel Neuwerk

<u>Gold</u>
Eine historisch nachgewiesene Schifffahrt ei-
nes wagemutigen Reporters von Seattle aus,
um den ersten erfolgreichen Goldgräbern auf
dem Pazifik zu begegnen. Ein Abenteuer des
ausgehenden 19. Jahrhunderts

Alexanders Buchcafé

**Aktuell über 20 Autorenlesungen verschie-
dener Gernes online abrufbar**

über

Smartphone

Tablet

PC

nur auf:

www.alexanders-buchcafe.de

Interessiert?

alexandersbuchcafe@gmx.de